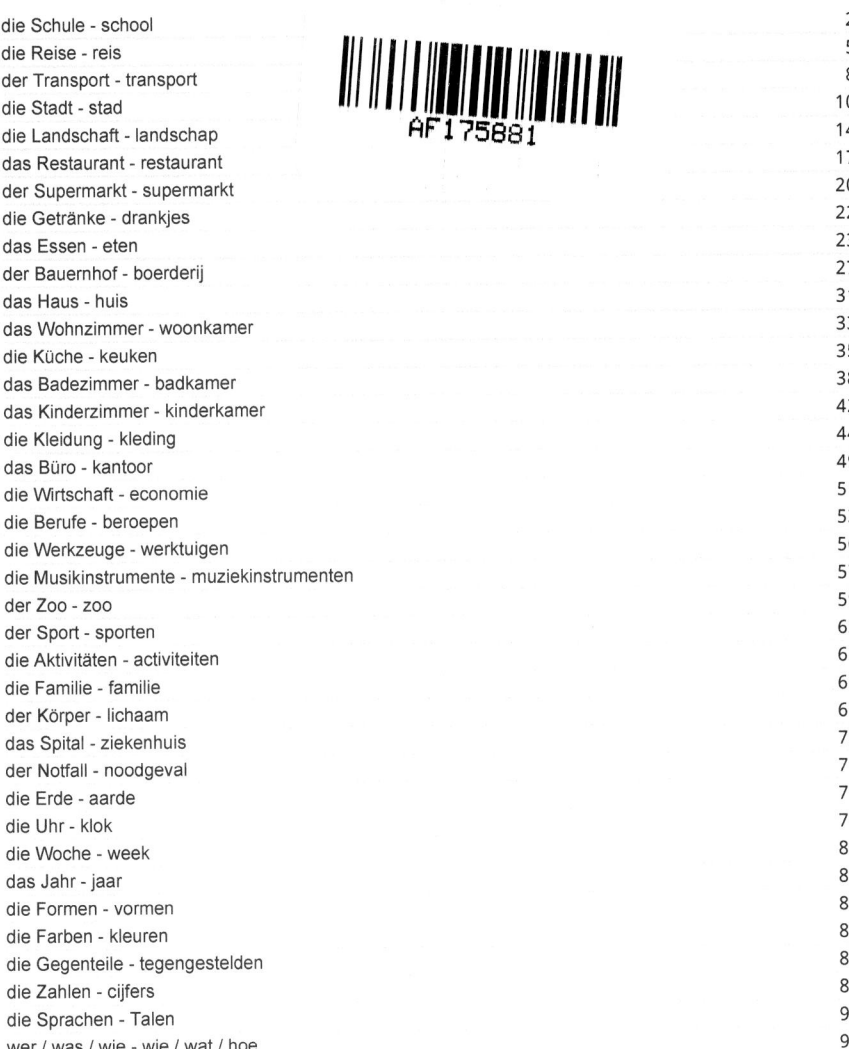

Impressum
Verlag: BABADADA GmbH, Nedderfeld 112 , 22529 Hamburg
Geschäftsführer / Verlagsleitung: Harald Hof
Druck: Books on Demand GmbH, In de Tarpen 42, 22848 Norderstedt

Imprint
Publisher: BABADADA GmbH, Nedderfeld 112 , 22529 Hamburg, Germany
Managing Director / Publishing direction: Harald Hof
Print: Books on Demand GmbH, In de Tarpen 42, 22848 Norderstedt

1

die Schule

school

dividieren
delen

186/2

die Tafel
bord

das Klassenzimmer
klaslokaal

der Schulhof
speelplaats

der Lehrer
leerkracht

das Papier
papier

schreiben
schrijven

der Stift
pen

der Schreibtisch
bureau

das Lineal
liniaal

das Buch
boek

die Schüler
leerling

die Schultasche

schooltas

die Federmappe

pennenzak

der Bleistift

potlood

der Bleistiftspitzer

puntenslijper

der Radierer

gom

der Zeichenblock

tekenblok

die Zeichnung

tekening

der Pinsel

verfborstel

der Malkasten

verfdoos

die Schere

schaar

der Klebstoff

lijm

das Übungsheft

werkboek

die Hausübung

huiswerk

12

die Zahl

nummer

2+2

addieren

optellen

5-2

subtrahieren

aftrekken

2×2

multiplizieren

vermenigvuldigen

rechnen

rekenen

A

der Buchstabe

letter

ABCDEFG HIJKLMN OPQRSTU VWXYZ

das Alphabet

alfabet

hello

das Wort

woord

der Text

tekst

lesen

Lezen

die Kreide

krijt

die Unterrichtsstunde

les

das Klassenbuch

klassenboek

die Prüfung

examen

das Zeugnis

certificaat

die Schuluniform

schooluniform

die Ausbildung

onderwijs

das Lexikon

encyclopedie

die Universität

universiteit

das Mikroskop

microscoop

die Karte

kaart

der Papierkorb

papiermand

das Hotel
hotel

die Jugendherberge
jeugdherberg

die Wechselstube
wisselkantoor

der Koffer
koffer

das Auto
auto

die Sprache

Taal

ja / nein

ja / nee

Okay

oké

Hallo

hallo

die Dolmetscherin

vertaler

Danke

bedankt

Wie viel kostet …?

Hoeveel kost …?

Ich verstehe nicht.

Ik begrijp het niet

das Problem

probleem

Guten Abend!

Goedenavond!

Guten Morgen!

Goedemorgen!

Gute Nacht!

Goedenavond!

Auf Wiederschaun!

Tot ziens

die Richtung

richting

das Gepäck

bagage

die Tasche

zak

der Rucksack

rugzak

der Gast

gast

das Zimmer

kamer

der Schlafsack

slaapzak

das Zelt

tent

die Touristeninformation

toeristeninformatie

der Strand

strand

die Kreditkarte

kredietkaart

das Frühstück

ontbijt

das Mittagessen

lunch

das Abendessen

avondeten

die Fahrkarte

ticket

der Lift

lift

die Briefmarke

postzegel

die Grenze

grens

der Zoll

douane

die Botschaft

ambassade

das Visum

visum

der Pass

paspoort

das Flugzeug
vliegtuig

das Schiff
schip

das Feuerwehrauto
brandweerwagen

der Bus
bus

der Lastwagen
vrachtwagen

das Motorboot
motorboot

das Fahrrad
fiets

das Auto
auto

die Fähre

veerboot

das Boot

boot

das Motorrad

motor

das Polizeiauto

politiewagen

das Rennauto

racewagen

der Mietwagen

huurauto

das Carsharing

carpoolen

der Abschleppwagen

sleepwagen

der Müllwagen

vuilniswagen

der Motor

motor

der Kraftstoff

benzine

die Tankstelle

benzinestation

das Verkehrsschild

verkeersbord

der Verkehr

verkeer

der Stau

file

der Parkplatz

parkeerplaats

der Bahnhof

station

die Schienen

sporen

der Zug

trein

die Straßenbahn

tram

der Wagon

wagon

der Hubschrauber

helikopter

der Flughafen

luchthaven

der Tower

toren

der Passagier

passagier

der Container

container

der Karton

karton

der Rollwagen

kar

der Korb

mand

starten / landen

opstijgen / landen

die Stadt
stad

das Dorf

dorp

das Stadtzentrum

stadscentrum

das Haus

huis

das Kino
bioscoop

die Werbung
reclame

die Straßenlaterne
straatlantaarn

die Straße
straat

das Taxi
taxi

der Kiosk
kiosk

der Fußgänger
voetganger

der Gehsteig
trottoir

der Zebrastreifen
zebrapad

die Mülltonne
vuilnisbak

die Kreuzung
kruispunt

die Ampel
verkeerslichten

die Hütte
hut

die Wohnung
woning

der Bahnhof
station

das Rathaus
stadshuis

das Museum
museum

die Schule
school

die Stadt - stad

11

die Universität
universiteit

 die Bank
bank

 das Spital
ziekenhuis

 das Hotel
hotel

 die Apotheke
apotheek

 das Büro
kantoor

 die Buchhandlung
boekwinkel

 das Geschäft
winkel

 der Blumenladen
bloemenwinkel

 der Supermarkt
supermarkt

 der Markt
markt

 das Kaufhaus
warenhuis

 der Fischhändler
vishandelaar

 das Einkaufszentrum
winkelcentrum

 der Hafen
haven

der Park

park

die Bank

bank

die Brücke

brug

die Stiege

trap

die U-Bahn

metro

der Tunnel

tunnel

die Bushaltestelle

bushalte

die Bar

bar

das Restaurant

restaurant

der Briefkasten

brievenbus

das Straßenschild

straatnaambord

die Parkuhr

parkeermeter

der Zoo

zoo

die Badeanstalt

zwembad

die Moschee

moskee

der Bauernhof

boerderij

die Umweltverschmutzung

milieuverontreiniging

der Friedhof

kerkhof

die Kirche

kerk

der Spielplatz

speelplaats

der Tempel

tempel

die Landschaft
landschap

das Blatt
blad

der Wegweiser
wegwijzer

der Weg
weg

die Wiese
weide

der Stein
steen

der Baum
boom

der Wanderer
wandelaar

der Fluss
rivier

das Gras
gras

die Blume
bloem

das Tal

vallei

der Hügel

heuvel

der See

meer

der Wald

bos

die Wüste

woestijn

der Vulkan

vulkaan

das Schloss

kasteel

der Regenbogen

regenboog

der Pilz

paddenstoel

die Palme

palmboom

der Moskito

mug

die Fliege

vlieg

die Ameise

mier

die Biene

bijl

die Spinne

spin

der Käfer

kever

der Frosch

kikker

das Eichhörnchen

eekhoorn

der Igel

egel

der Hase

haas

die Eule

uil

die Vogel

vogel

der Schwan

zwaan

das Wildschwein

wild zwijn

der Hirsch

hert

der Elch

eland

der Staudamm

dam

das Windrad

windturbine

das Solarmodul

zonnepaneel

das Klima

klimaat

der Kellner
ober

die Speisekarte
menu

der Sessel
stoel

die Suppe
soep

die Pizza
pizza

das Besteck
bestek

die Tischdecke
tafelkleed

die Vorspeise
voorgerecht

das Hauptgericht
hoofdgerecht

die Nachspeise
nagerecht

die Getränke
drankjes

das Essen
eten

die Flasche
fles

das Fastfood

fastfood

das Streetfood

street food

die Teekanne

theepot

die Zuckerdose

suikerpot

die Portion

portie

die Espressomaschine

espressomachine

der Kinderstuhl

kinderstoel

die Rechnung

rekening

das Tablett

dienblad

das Messer

mes

die Gabel

vork

der Löffel

lepel

der Teelöffel

theelepel

die Serviette

serviette

das Glas

glas

der Teller

bord

der Suppenteller

soepbord

die Untertasse

schoteltje

die Sauce

saus

der Salzstreuer

zoutvatje

die Pfeffermühle

pepermolen

der Essig

azijn

das Öl

olie

die Gewürze

kruiden

das Ketchup

ketchup

der Senf

mosterd

die Mayonnaise

mayonaise

der Supermarkt
supermarkt

das Angebot
aanbieding

der Kunde
klant

die Milchprodukte
zuivelproducten

das Obst
fruit

der Einkaufswagen
winkelwagen

die Schlachterei
slagerij

die Bäckerei
bakkerij

wiegen
wegen

das Gemüse
groenten

das Fleisch
vlees

die Tiefkühlkost
diepvriesvoedsel

der Aufschnitt

charcuterie

die Konserven

conserven

das Waschmittel

waspoeder

die Süßigkeiten

snoep

die Haushaltsartikel

huishoudproducten

das Reinigungsmittel

schoonmaakproducten

die Verkäuferin

verkoopster

die Kassa

kassa

die Kassiererin

kassier

die Einkaufsliste

boodschappenlijstje

die Öffnungszeiten

openingstijden

die Brieftasche

portefeuille

die Kreditkarte

kredietkaart

die Tasche

tas

die Plastiktüte

plastieken zakje

die Getränke
drankjes

das Wasser

water

der Saft

sap

die Milch

melk

die Cola

cola

der Wein

wijn

das Bier

bier

der Alkohol

alcohol

der Kakao

cacao

der Tee

thee

der Kaffee

koffie

der Espresso

espresso

der Cappuccino

cappuccino

die Banane

banaan

der Apfel

appel

die Orange

sinaasappel

die Melone

meloen

die Zitrone

citroen

die Karotte

wortel

der Knoblauch

knoflook

der Bambus

bamboe

die Zwiebel

ajuin

der Pilz

champignon

die Nüsse

noten

die Nudeln

noodles

die Spaghetti

spaghetti

der Reis

rijst

der Salat

salade

die Pommes frites

frieten

die Bratkartoffeln

gebakken aardappelen

die Pizza

pizza

der Hamburger

hamburger

das Sandwich

sandwich

das Schnitzel

kalfslapje

der Schinken

ham

die Salami

salami

die Wurst

worst

das Huhn

kip

der Braten

braden

der Fisch

vis

die Haferflocken

havervlokken

das Müsli

muesli

die Cornflakes

cornflakes

das Mehl

bloem

das Croissant

croissant

die Semmel

pistolet

das Brot

brood

der Toast

toast

die Kekse

koekjes

die Butter

boter

der Topfen

kwark

der Kuchen

taart

das Ei

ei

das Spiegelei

spiegelei

der Käse

kaas

das Essen - eten

die Eiscreme

ijs

der Zucker

suiker

der Honig

honing

die Marmelade

confituur

der Schokoladenaufstrich

choco

das Curry

curry

das Bauernhaus
boerderij

die Scheune
schuur

der Strohballen
strobaal

das Feld
veld

das Pferd
paard

der Anhänger
aanhangwagen

das Fohlen
veulen

der Traktor
tractor

der Esel
ezel

das Schaf
schaap

das Lamm
lam

die Ziege
geit

die Kuh
koe

das Kalb
kalf

das Schwein
varken

das Ferkel
biggetje

der Stier
stier

die Gans

gans

die Ente

eend

das Küken

kuiken

das Huhn

kip

der Hahn

haan

die Ratte

rat

die Katze

kat

die Maus

muis

der Ochse

os

der Hund

hond

die Hundehütte

hondenhok

der Gartenschlauch

tuinslang

die Gießkanne

gieter

die Sense

zeis

der Pflug

ploeg

die Sichel

sikkel

die Hacke

schoffel

die Mistgabel

hooivork

die Axt

bijl

die Schubkarre

kruiwagen

der Trog

trog

die Milchkanne

melkkan

der Sack

zak

der Zaun

hek

der Stall

stal

das Treibhaus

broeikas

der Boden

bodem

die Saat

zaad

der Dünger

mest

der Mähdrescher

maaidorser

ernten

oogsten

die Ernte

oogst

die Yamswurzel

yam

der Weizen

tarwe

das Soja

soja

der Erdapfel

aardappel

der Mais

maïs

der Raps

koolzaad

der Obstbaum

fruitboom

der Maniok

maniok

das Getreide

graan

der Schornstein
schoorsteen

das Dach
dak

die Regenrinne
regenpijp

das Fenster
raam

die Garage
garage

die Klingel
deurbel

die Tür
deur

der Abfallkübel
vuilnisbak

der Briefkasten
brievenbus

der Garten
tuin

das Wohnzimmer
woonkamer

das Badezimmer
badkamer

die Küche
keuken

das Schlafzimmer
slaapkamer

das Kinderzimmer
kinderkamer

das Esszimmer
eetkamer

der Boden
vloer

die Wand
muur

die Decke
plafond

der Keller
kelder

die Sauna
sauna

der Balkon
balkon

die Terrasse
terras

das Schwimmbad
zwembad

der Rasenmäher
grasmaaier

der Bettbezug
dekbedovertrek

die Bettdecke
dekbed

das Bett
bed

der Besen
bezem

der Kübel
emmer

der Schalter
schakelaar

die Tapete
behangpapier

das Bild
foto

die Lampe
lamp

das Regal
schap

der Schrank
kast

der Fernseher
televisie

der Kamin
open haard

die Blume
bloem

der Polster
kussen

das Sofa
sofa

die Vase
vaas

die Fernbedienung
afstandsbediening

der Teppich
mat

der Vorhang
gordijn

der Tisch
tafel

der Sessel
stoel

der Schaukelstuhl
schommelstoel

der Sessel
fauteuil

das Buch

boek

die Decke

deken

die Dekoration

decoratie

das Feuerholz

brandhout

der Film

film

die Stereoanlage

stereo-installatie

der Schlüssel

sleutel

die Zeitung

krant

das Gemälde

schilderij

das Poster

poster

das Radio

radio

der Notizblock

notitieboekje

der Staubsauger

stofzuiger

der Kaktus

cactus

die Kerze

kaars

die Mikrowelle
microgolfoven

der Kühlschrank
koelkast

die Küchenwaage
keukenweegschaal

der Toaster
broodrooster

das Reinigungsmittel
afwasmiddel

der Backofen
oven

das Gefrierfach
vriesvak

der Abfallkübel
vuilnisbak

der Geschirrspüler
vaatwasmachine

der Herd

fornuis

der Topf

pot

der Eisentopf

gietijzeren pot

der Wok / Kadai

wok / kadai

die Pfanne

pan

der Wasserkocher

waterkoker

der Dampfgarer

stoomkoker

das Backblech

bakplaat

das Geschirr

servies

der Becher

mok

die Schale

kom

die Essstäbchen

eetstokjes

der Schöpflöffel

pollepel

der Pfannenwender

spatel

der Schneebesen

garde

das Kochsieb

vergiet

das Sieb

zeef

die Reibe

rasp

der Mörser

mortier

der Grill

barbecue

das Kaminfeuer

haardvuur

das Schneidebrett

snijplank

das Nudelholz

deegrol

der Korkenzieher

kurkentrekker

die Dose

blik

der Dosenöffner

blikopener

der Topflappen

pannenlap

das Waschbecken

gootsteen

die Bürste

borstel

der Schwamm

spons

der Mixer

blender

die Gefriertruhe

vriezer

die Babyflasche

papfles

der Wasserhahn

kraan

das Badezimmer
badkamer

die Dusche
douche

die Heizung
verwarming

das Handtuch
handdoek

der Duschvorhang
douchegordijn

das Schaumbad
bubbelbad

die Badewanne
badkuip

das Glas
glas

die Waschmaschine
wasmachine

der Wasserhahn
kraan

die Fliesen
tegels

der Nachttopf
kinderpo

das Waschbecken
gootsteen

das Klo
toilet

die Hocktoilette
hurktoilet

das Bidet
bidet

das Pissoir
urinoir

das Klopapier
toiletpapier

die Klobürste
toiletborstel

die Zahnbürste

tandenborstel

die Zahnpasta

tandpasta

die Zahnseide

flosdraad

waschen

wassen

die Handbrause

handdouche

die Intimdusche

bidethanddouche

die Waschschüssel

waskom

die Rückenbürste

rugborstel

die Seife

zeep

das Duschgel

douchegel

das Shampoo

shampoo

der Waschlappen

washandje

der Abfluss

afvoer

die Creme

crème

das Deodorant

deodorant

der Spiegel
spiegel

der Kosmetikspiegel
handspiegel

der Rasierer
scheermes

der Rasierschaum
scheerschuim

das Rasierwasser
aftershave

der Kamm
kam

die Bürste
borstel

der Föhn
haardroger

das Haarspray
haarlak

das Makeup
make-up

der Lippenstift
lippenstift

der Nagellack
nagellak

die Watte
watten

die Nagelschere
nagelknipper

das Parfum
parfum

der Kulturbeutel

toilettas

der Hocker

kruk

die Waage

weegschaal

der Bademantel

badjas

die Gummihandschuhe

latex handschoenen

das Tampon

tampon

die Damenbinde

maandverband

die Chemietoilette

chemisch toilet

der Wecker
wekker

das Kuscheltier
knuffel

das Spielzeugauto
speelgoedauto

die Rassel
rammelaar

das Puppenhaus
poppenhuis

das Geschenk
geschenk

der Ballon
ballon

das Bett
bed

der Kinderwagen
kinderwagen

das Kartenspiel
spel kaarten

das Puzzle
puzzel

der Comic
stripboek

die Legosteine

legoblokjes

die Bausteine

blokken

die Actionfigur

actiefiguur

der Strampelanzug

kruippakje

das Frisbee

frisbee

das Mobile

mobiel

das Brettspiel

bordspel

der Würfel

dobbelsteen

die Modelleisenbahn

modelspoorweg

der Schnuller

fopspeen

die Party

feest

das Bilderbuch

prentenboek

der Ball

bal

die Puppe

pop

spielen

spelen

der Sandkasten

zandbak

die Schaukel

schommel

das Spielzeug

speelgoed

die Spielkonsole

spelconsole

das Dreirad

driewieler

der Teddy

knuffelbeer

der Kleiderschrank

kleerkast

die Kleidung
kleding

die Socken

sokken

die Strümpfe

kousen

die Strumpfhose

maillot

der Schal
sjaal

der Regenschirm
paraplu

das T-Shirt
T-shirt

der Gürtel
riem

die Stiefel
laarzen

die Hausschuhe
slippers

die Turnschuhe
sneakers

die Sandalen
sandalen

die Schuhe
schoenen

die Gummistiefel
rubberlaarzen

die Unterhose
onderbroek

der Büstenhalter
beha

das Unterhemd
onderhemd

die Kleidung - kleding

45

der Body

lichaam

die Hose

broek

die Jeans

jeans

der Rock

rok

die Bluse

blouse

das Hemd

hemd

der Pullover

trui

der Kapuzenpullover

capuchontrui

der Blazer

blazer

die Jacke

jas

der Mantel

jas

der Regenmantel

regenjas

das Kostüm

kostuum

das Kleid

jurk

das Hochzeitskleid

trouwjurk

der Anzug

pak

das Nachthemd

nachthemd

der Pyjama

pyjama

der Sari

sari

das Kopftuch

hoofddoek

der Turban

tulband

die Burka

boerka

der Kaftan

kaftan

die Abaya

abaya

der Badeanzug

badpak

die Badehose

zwembroek

die kurze Hose

short

der Jogginganzug

trainingspak

die Schürze

schort

die Handschuhe

handschoenen

der Knopf
knoop

die Brille
bril

das Armband
armband

die Halskette
ketting

der Ring
ring

der Ohrring
oorbel

die Mütze
pet

der Kleiderbügel
kapstok

der Hut
hoed

die Krawatte
das

der Reißverschluss
rits

der Helm
helm

der Hosenträger
bretellen

die Schuluniform
schooluniform

die Uniform
uniform

das Lätzchen

slabbetje

der Schnuller

fopspeen

die Windel

luier

das Büro
kantoor

der Kaffeebecher

koffiemok

der Taschenrechner

rekenmachine

das Internet

internet

der Server — server

der Aktenschrank — dossierkast

der Drucker — printer

das Papier — papier

der Monitor — monitor

der Schreibtisch — bureau

die Maus — muis

der Ordner — map

die Tastatur — toestenbord

der Papierkorb — papiermand

der Computer — computer

der Sessel — stoel

das Büro - kantoor

49

der Laptop

laptop

der Brief

brief

die Nachricht

bericht

das Handy

gsm

das Netzwerk

netwerk

der Kopierer

kopieerapparaat

die Software

software

das Telefon

telefoon

die Steckdose

stopcontact

das Fax

fax

das Formular

formulier

das Dokument

document

kaufen

kopen

bezahlen

betalen

handeln

handelen

das Geld

geld

der Dollar

dollar

der Euro

euro

der Yen

yen

der Rubel

roebel

der Franken

Zwitserse frank

der Renminbi Yuan

Chinese renminbi

die Rupie

roepie

der Bankomat

geldautomaat

die Wechselstube

wisselkantoor

das Gold

goud

das Silber

zilver

das Öl

olie

die Energie

energie

der Preis

prijs

der Vertrag

contract

die Steuer

belasting

die Aktie

aandeel

arbeiten

werken

der Angestellte

werknemer

der Arbeitgeber

werkgever

die Fabrik

fabriek

das Geschäft

winkel

der Polizist
politieagent

der Feuerwehrmann
brandweerman

der Koch
kok

die Ärztin
dokter

der Pilot
piloot

der Gärtner

tuinman

der Tischler

timmerman

die Schneiderin

naaister

der Richter

rechter

die Chemikerin

chemicus

der Schauspieler

acteur

der Busfahrer

buschauffeur

der Taxifahrer

taxichauffeur

der Fischer

visser

die Putzfrau

schoonmaakster

der Dachdecker

dakdekker

der Kellner

ober

der Jäger

jager

der Maler

schilder

der Bäcker

bakker

der Elektriker

elektricien

der Bauarbeiter

bouwvakker

der Ingenieur

ingenieur

der Schlachter

slager

der Installateur

loodgieter

die Briefträgerin

postbode

der Soldat

soldaat

der Architekt

architect

die Kassiererin

kassier

die Blumenhändlerin

bloemist

der Friseur

kapper

der Schaffner

conducteur

der Mechaniker

mecanicien

der Kapitän

kapitein

die Zahnärztin

tandarts

der Wissenschaftler

wetenschapper

der Rabbi

rabbijn

der Imam

imam

der Mönch

monnik

der Pfarrer

geestelijke

die Berufe - beroepen

der Hammer
hamer

die Zange
tang

der Schraubenzieher
schroevendraaier

der Schraubenschlüssel
schroefsleutel

die Taschenlam
zaklamp

der Bagger

graafmachine

der Werkzeugkasten

gereedschapskoffer

die Leiter

ladder

die Säge

zaag

die Nägel

spijkers

der Bohrer

boormachine

reparieren
repareren

die Schaufel
schop

Scheiße!
Verdomme!

die Kehrschaufel
blik

der Farbtopf
verfpot

die Schrauben
schroeven

die Musikinstrumente

muziekinstrumenten

das Schlagzeug
drumstel

der Lautsprecher
luidspreker

die Gitarre
gitaar

der Kontrabass
contrabas

die Trompete
trompet

das Klavier

piano

die Violine

viool

der Bass

basgitaar

die Pauke

pauk

die Trommeln

trommels

die Tastatur

keyboard

das Saxophon

saxofoon

die Flöte

fluit

das Mikrofon

microfoon

der Eingang
ingang

der Tiger
tijger

der Käfig
kooi

das Zebra
zebra

das Tierfutter
diereneten

der Panda
panda

die Tiere

dieren

der Elefant

olifant

das Känguru

kangoeroe

das Nashorn

neushoorn

der Gorilla

gorilla

der Bär

beer

das Kamel

kameel

der Strauß

struisvogel

der Löwe

leeuw

der Affe

aap

der Flamingo

flamingo

der Papagei

papegaai

der Eisbär

ijsbeer

der Pinguin

pinguïn

der Hai

haai

der Pfau

pauw

die Schlange

slang

das Krokodil

krokodil

der Zoowärter

dierenverzorger

die Robbe

zeehond

der Jaguar

jaguar

das Pony

pony

der Leopard

luipaard

das Nilpferd

nijlpaard

die Giraffe

giraffe

der Adler

adelaar

das Wildschwein

wild zwijn

der Fisch

vis

die Schildkröte

zeeschildpad

das Walross

walrus

der Fuchs

vos

die Gazelle

gazelle

der Sport

sporten

das American Football
rugby

das Radfahren
wielrennen

das Tennis
tennis

der Basketball
basketbal

das Schwimmen
zwemmen

das Boxen
boksen

das Eishockey
ijshockey

der Fußball
voetbal

das Badminton
badminton

die Leichtathletik
atletiek

der Handball
handbal

das Skifahren
skiën

das Polo
polo

lachen
lachen

springen
springen

umarmen
knuffelen

gehen
wandelen

singen
zingen

träumen
dromen

beten
bidden

küssen
kussen

schreiben
schrijven

zeichnen
tekenen

zeigen
tonen

drücken
duwen

geben
geven

nehmen
nemen

haben

hebben

machen

doen

sein

zijn

stehen

staan

laufen

lopen

ziehen

trekken

werfen

gooien

fallen

vallen

liegen

liggen

warten

wachten

tragen

dragen

sitzen

zitten

anziehen

aankleden

schlafen

slapen

aufwachen

ontwaken

ansehen

kijken naar

weinen

wenen

streicheln

aaien

frisieren

kammen

reden

praten

verstehen

begrijpen

fragen

vragen

hören

luisteren

trinken

drinken

essen

eten

zusammenräumen

opruimen

lieben

houden van

kochen

koken

fahren

rijden

fliegen

vliegen

segeln

zeilen

rechnen

rekenen

lesen

Lezen

lernen

leren

arbeiten

werken

heiraten

trouwen

nähen

naaien

Zähne putzen

tandenpoetsen

töten

doden

rauchen

roken

senden

sturen

Großmutter
ootmoeder

der Großvater
grootvader

der Vater
vader

die Mutter
moeder

das Baby
baby

die Tochter
dochter

der Sohn
zoon

der Gast

gast

die Tante

tante

der Onkel

oom

der Bruder

broer

die Schwester

zus

die Familie - familie

die Stirn
voorhoofd

das Auge
oog

die Schulter
schouder

der Finger
vinger

das Gesicht
gezicht·

das Kinn
kin

die Hand
hand

die Brust
borst

das Bein
been

der Arm
arm

das Baby

baby

der Mann

man

die Frau

vrouw

das Mädchen

meisje

der Junge

jongen

der Kopf

hoofd

der Rücken

rug

der Bauch

buik

der Nabel

navel

der Zeh

teen

die Ferse

hiel

der Knochen

bot

die Hüfte

heup

das Knie

knie

der Ellbogen

elleboog

die Nase

neus

das Gesäß

zitvlak

die Haut

huid

die Wange

wang

das Ohr

oor

die Lippe

lip

der Mund

mond

der Zahn

tand

die Zunge

tong

das Gehirn

hersenen

das Herz

hart

der Muskel

spier

die Lunge

long

die Leber

lever

der Magen

maag

die Nieren

nieren

der Geschlechtsverkehr

seks

das Kondom

condoom

die Eizelle

eicel

das Sperma

sperma

die Schwangerschaft

zwangerschap

die Menstruation

menstruatie

die Vagina

vagina

der Penis

penis

die Augenbraue

wenkbrauw

das Haar

haar

der Hals

nek

das Spital
ziekenhuis

die Rettung
ambulance

der Rollstuhl
rolstoel

der Bruch
breuk

die Ärztin

dokter

die Notaufnahme

spoed

die Krankenschwester

verpleegkundige

der Notfall

noodgeval

ohnmächtig

bewusteloos

der Schmerz

pijn

die Verletzung

verwonding

die Blutung

bloeding

der Herzinfarkt

hartaanval

der Schlaganfall

beroerte

die Allergie

allergie

der Husten

hoest

das Fieber

koorts

die Grippe

griep

der Durchfall

diarree

die Kopfschmerzen

hoofdpijn

der Krebs

kanker

die Diabetes

diabetes

der Chirurg

chirurg

das Skalpell

scalpel

die Operation

operatie

das CT

CT

das Röntgen

röntgenstraal

der Ultraschall

ultrageluid

die Maske

gezichtsmasker

die Krankheit

ziekte

das Wartezimmer

wachtkamer

die Krücke

kruk

das Pflaster

pleister

der Verband

verband

die Injektion

injectie

das Stethoskop

stethoscoop

die Trage

brancard

das Thermometer

thermometer

die Geburt

geboorte

das Übergewicht

overgewicht

das Hörgerät

hoorapparaat

das Desinfektionsmittel

ontsmettingsmiddel

die Infektion

infectie

das Virus

virus

das HIV / AIDS

HIV / AIDS

die Medizin

medicijn

die Impfung

vaccinatie

die Tabletten

tabletten

die Pille

pil

der Notruf

noodoproep

der Blutdruckmesser

bloeddrukmeter

krank / gesund

ziek / gezond

Hilfe!

Help!

der Alarm

alarm

der Überfall

overval

der Angriff

aanval

die Gefahr

gevaar

der Notausgang

nooduitgang

Feuer!

Brand!

der Feuerlöscher

brandblusser

der Unfall

ongeval

der Erste-Hilfe-Koffer

EHBO-kit

SOS

SOS

die Polizei

politie

das Europa

Europa

das Nordamerika

Noord-Amerika

das Südamerika

Zuid-Amerika

das Afrika

Afrika

das Asien

Azië

das Australien

Australië

der Atlantik

Atlantische Oceaan

der Pazifik

Stille Oceaan

der Indische Ozean

Indische Oceaan

der Antarktische Ozean

Antarctische Oceaan

der Arktische Ozean

Arctische Oceaan

der Nordpol

Noordpool

der Südpol

Zuidpool

die Antarktis

Antarctica

die Erde

aarde

das Land

land

das Meer

zee

die Insel

eiland

die Nation

natie

der Staat

staat

das Ziffernblatt

wijzerplaat

der Stundenzeiger

uurwijzer

der Minutenzeiger

minuutwijzer

der Sekundenzeiger

secondewijzer

Wie spät ist es?

Hoe laat is het?

der Tag

dag

die Zeit

tijd

jetzt

nu

die Digitaluhr

digitale horloge

die Minute

minuut

die Stunde

uur

die Woche
week

der Montag
maandag

der Mittwoch
woensdag

der Freitag
vrijdag

der Dienstag
dinsdag

der Samstag
zaterdag

der Donnerstag
donderdag

der Sonntag
zondag

gestern

gisteren

heute

vandaag

morgen

morgen

der Morgen

ochtend

der Mittag

middag

der Abend

avond

die Arbeitstage

werkdagen

das Wochenende

weekend

der Regen
regen

der Regenbogen
regenboog

der Wind
wind

der Schnee
sneeuw

der Frühling
lente

der Herbst
herfst

der Sommer
zomer

der Winter
winter

die Wettervorhersage

weervoorspelling

das Thermometer

thermometer

der Sonnenschein

zonneschijn

die Wolke

wolk

der Nebel

mist

die Luftfeuchtigkeit

vochtigheid

der Blitz

bliksem

der Donner

donder

der Sturm

storm

der Hagel

hagel

der Monsun

moesson

die Flut

overstroming

das Eis

ijs

der Jänner

januari

der Februar

februari

der März

maart

der April

april

der Mai

mei

der Juni

juni

der Juli

juli

der August

augustus

der September
september

der Oktober
oktober

der November
november

der Dezember
december

die Formen
vormen

der Kreis
cirkel

das Quadrat
kwadraat

das Rechteck
rechthoek

das Dreieck
driehoek

die Kugel
bol

der Würfel
kubus

weiß

wit

gelb

geel

orange

oranje

pink

roze

rot

rood

lila

paars

blau

blauw

grün

groen

braun

bruin

grau

grijs

schwarz

zwart

viel / wenig

veel / weinig

wütend / friedlich

boos / kalm

hübsch / hässlich

mooi / lelijk

der Anfang / das Ende

begin / einde

groß / klein

groot / klein

hell / dunkel

licht / donker

der Bruder / die Schwester

broer / zus

sauber / schmutzig

proper / vuil

vollständig / unvollständig

volledig / onvolledig

der Tag / die Nacht

dag / nacht

tot / lebendig

dood / levend

breit / schmal

breed / smal

genießbar / ungenießbar

eetbaar / oneetbaar

böse / freundlich

kwaadaardig / vriendelijk

aufgeregt / gelangweilt

opgewonden / verveeld

dick / dünn

dik / dun

zuerst / zuletzt

eerst / laatst

der Freund / der Feind

vriend / vijand

voll / leer

vol / leeg

hart / weich

hard / zacht

schwer / leicht

zwaar / licht

der Hunger / der Durst

honger / dorst

krank / gesund

ziek / gezond

illegal / legal

illegaal / legaal

gescheit / dumm

intelligent / dom

links / rechts

links / rechts

nah / fern

dichtbij / veraf

neu / gebraucht

nieuw / gebruikt

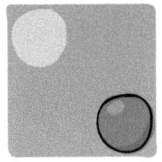

nichts / etwas

niets / iets

alt / jung

oud / jong

an / aus

aan / uit

offen / geschlossen

open / dicht

leise / laut

stil / luid

reich / arm

rijk / arm

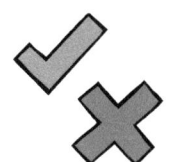

richtig / falsch

juist / fout

rau / glatt

ruw / glad

traurig / glücklich

droevig / blij

kurz / lang

kort / lang

langsam / schnell

traag / snel

nass / trocken

nat / droog

warm / kühl

warm / koud

der Krieg / der Frieden

oorlog / vrede

die Zahlen
cijfers

0

null
nul

1

eins
één

2

zwei
twee

3

drei
drie

4

vier
vier

5

fünf
vijf

6

sechs
zes

7

sieben
zeven

8

acht
acht

9

neun
negen

10

zehn
tien

11

elf
elf

12

zwölf

twaalf

13

dreizehn

dertien

14

vierzehn

veertien

15

fünfzehn

vijftien

16

sechzehn

zestien

17

siebzehn

zeventien

18

achtzehn

achtien

19

neunzehn

negentien

20

zwanzig

twintig

100

hundert

honderd

1.000

tausend

duizend

1.000.000

Million

miljoen

die Sprachen
Talen

Englisch

Engels

Amerikanisches Englisch

Amerikaans Engels

Chinesisch (Mandarin)

Chinees (Mandarijn)

Hindi

Hindi

Spanisch

Spaans

Französisch

Frans

Arabisch

Arabisch

Russisch

Russisch

Portugiesisch

Portugees

Bengalisch

Bengali

Deutsch

Duits

Japanisch

Japans

ich
ik

du
u

er / sie / es
hij / zij / het

wir
wij

ihr
u

sie
ze

Wer?
wie?

Was?
wat?

Wie?
hoe?

Wo?
waar?

Wann?
wanneer?

Name
naam

hinter

achter

in

in

vor

voor

über

boven

auf

op

unter

onder

neben

naast

zwischen

tussen

der Ort

plaats